Renate Schupp

Die Weihnachtsgeschichte

Die biblische Geschichte für Kinder nacherzählt

Mit Illustrationen von Sabine Waldmann-Brun

Kaufmann Verlag

Vor langer Zeit lebte in der jüdischen Stadt Nazaret ein Mädchen namens Maria. Ihre Eltern waren einfache, fromme Leute. Sie besaßen ein Häuschen und einen Garten und hatten gerade genug, dass sie satt wurden.

Damals war der römische Kaiser Augustus Herrscher über das jüdische Land. Die Menschen mussten machen, was die römischen Soldaten bestimmten. Das war schlimm. Aber sie hatten eine heimliche Hoffnung: Eines Tages würde Gott ihnen einen Retter schicken. Der würde die Römer aus dem Land jagen. Dann wäre endlich Frieden und niemand brauchte mehr Angst zu haben.

Die Jahre vergingen. Maria wuchs heran. Sie war jetzt ebenso groß wie ihre Mutter und hatte alles gelernt, was eine Frau können musste. Manchmal ging sie allein auf den Markt und verkaufte Gemüse aus dem Garten. Bald würde sie heiraten.
Der Mann, den ihre Eltern für sie ausgesucht hatten, hieß Josef. Er war der Sohn eines Zimmermanns und arbeitete bei seinem Vater in der Werkstatt.

Josef hatte Maria auf dem Markt gesehen und sich in das schöne, stille Mädchen verliebt.
Maria freute sich, wenn er bei ihr stehen blieb und sie miteinander redeten. Er gefiel ihr. Sie wollte gern seine Frau werden.

Eines Abends war Maria allein zu Hause. Da wurde es plötzlich strahlend hell um sie. Sie blickte erschrocken auf. Da sah sie mitten im Licht einen Engel stehen. Der Engel sagte:
„Du brauchst keine Angst zu haben, Maria. Ich bin der Engel Gabriel. Gott schickt mich. Ich soll dir eine Botschaft bringen: Du wirst ein Kind haben, einen Sohn, den sollst du Jesus nennen. Er wird der Retter sein, auf den ihr alle wartet.“

Der Engel verschwand, das Licht verging, und alles war wieder wie vorher.
„Was war das?“, flüsterte Maria. „*Ich* soll die Mutter des Retters werden?“
Sie wunderte sich sehr. Doch dann dachte sie: „Wenn Gott es so will, dann wird es geschehen.“
Und sie erzählte niemandem, was sie erlebt hatte.

Einige Zeit später zogen Boten des römischen Kaisers Augustus durch die Stadt Nazaret und verkündeten: „Der große Kaiser Augustus befiehlt: Wer ihm untertan ist, muss Steuern bezahlen. Darum sollen alle erwachsenen Männer mit ihren Frauen zu dem Ort gehen, an dem sie geboren sind. Dort sollen sie sich in die Steuerlisten eintragen lassen. Dann weiß der Kaiser, wie viele Untertanen in seinem Reich leben."

Die Menschen murrten. Aber sie konnten nichts dagegen machen: Der Kaiser befahl und alle mussten gehorchen.

Maria und Josef packten ihr Bündel und machten sich auf den Weg nach Betlehem. Denn dort war Josef geboren.

Von Nazaret nach Betlehem war es weit. Der Weg führte durch ein Gebirge. Er war steil und steinig. Maria musste oft stehen bleiben und sich ausruhen. Sie konnte nicht mehr so gut gehen, denn sie war schwanger. Das Kind, das der Engel ihr angekündigt hatte, sollte bald auf die Welt kommen.

Von Tag zu Tag fiel Maria das Gehen schwerer.
„Ich kann nicht mehr“, klagte sie. „Ist es noch weit nach Betlehem?“
Josef legte den Arm um sie und tröstete sie.
„Bald sind wir da, Maria. Nur noch über diesen Hügel, dann können wir schon die Häuser von Betlehem sehen.“

Am Abend kamen Josef und Maria in Betlehem an. Die Straßen waren voller Menschen. Sie strömten von überall her in die Stadt, um sich in die Steuerlisten eintragen zu lassen. Josef und Maria fragten überall nach einem Zimmer für die Nacht. Aber alle Gasthäuser waren besetzt. Es war kein einziges Zimmer mehr frei.

Am Rand von Betlehem, wo die Felder anfingen, fanden sie schließlich einen Stall. Eine Futterkrippe stand darin. Daneben schliefen ein Ochse und ein Esel. In einer Ecke war ein Haufen Heu aufgestapelt. „Hier können wir bleiben", sagte Josef.

In dieser Nacht kam das Kind zur Welt – Jesus. Maria wickelte es in ein Tuch und legte es in die Futterkrippe.

In derselben Nacht waren Hirten draußen auf dem Feld und hüteten ihre Schafe. Da erschien auf einmal ein Licht am Himmel und ein Engel trat hervor und sagte zu den Hirten:

„Fürchtet euch nicht! Ich will euch eine große Freude verkünden: Heute Nacht ist in Betlehem der Retter geboren, auf den ihr alle wartet. Und daran werdet ihr das Kind erkennen: Es ist in ein Tuch gewickelt und liegt in einer Futterkrippe."

Dann war der Himmel auf einmal voller Engel. Die lobten Gott und sangen: „Ehre sei Gott in der Höhe und Friede auf Erden allen Menschen."

Die Engel verschwanden, das Licht verblasste. Es war wieder dunkel auf dem Feld wie zuvor. Die Hirten aber sprangen auf und riefen: „Habt ihr gehört, was der Engel gesagt hat? Der Retter ist geboren!“
Sie waren ganz aufgeregt. „Kommt! Wir gehen nach Betlehem und suchen das Kind“, sagte einer und wollte gleich loslaufen. Aber ein anderer rief: „Warte! Wir kommen alle mit!“

Der älteste Hirte sagte: „Wir wollen dem Kind ein Schäfchen mitbringen.“
Dann zogen sie los. Als sie nach Betlehem kamen, sahen sie dort den Stall. Licht schien durch die Ritzen. Und es lag ein goldener Schimmer auf seinem Dach.

Weit weg von Betlehem, im Osten, wo die Sonne am Morgen aufgeht, lebten drei Sterndeuter. Sie hatten einen neuen Stern am Himmel entdeckt. Er war größer und leuchtete heller als alle anderen Sterne.

„Was ist das für ein Stern?“, fragten sie verwundert. „So einen haben wir noch nie gesehen.“
Sie suchten in ihren alten Büchern. Da lasen sie, dass der helle Stern ein Königsstern war:
Er erschien immer dann am Himmel, wenn ein neues Königskind auf die Welt gekommen war.

Die Sterndeuter sagten: „Auf! Wir wollen das neue Königskind suchen und es begrüßen.“
Und sie sattelten ihre Kamele, luden ihr Gepäck auf und machten sich auf den Weg.

Die Sterndeuter ritten nachts. Und der helle Stern zog vor ihnen her und zeigte ihnen den Weg. Er führte sie in das jüdische Land. In der Hauptstadt Jerusalem wusste niemand etwas von einem neuen Königskind. Der einzige König, den die Menschen dort kannten, war Herodes. Den hatten die Römer zum König gemacht. Er war ein Freund der Römer. Deshalb war er allen verhasst.

Als Herodes von den drei Sterndeutern hörte, holte er seine klugen Ratgeber zusammen und sagte:
„Wisst ihr etwas von einem neugeborenen König?"
Die Ratgeber antworteten:
„Ja. In den alten Büchern steht, dass aus Betlehem ein neuer König kommen wird – einer, den Gott selbst auserwählt hat."
Da erschrak Herodes, denn er wollte nicht, dass es außer ihm noch einen anderen König gab.

Herodes ließ den Sterndeutern sagen:
„Das Königskind,
das ihr sucht, ist in Betlehem geboren.
Wenn ihr es gefunden habt, dann kommt
zurück und erzählt mir, wo es ist.
Ich will ihm auch Geschenke bringen."
Das war aber gelogen, denn
in seinem Herzen plante er Böses
gegen das Kind.

Am Abend zogen die Sterndeuter weiter nach Betlehem. Der helle Stern ging mit ihnen. Über dem Stall blieb er stehen.
Die Sterndeuter stiegen von ihren Kamelen.
„Ist das möglich?“, wunderten sie sich.
„Ein Königskind in einem Stall?“
Gerade da kamen von der anderen Seite die Hirten daher und riefen: „Hier ist es!“

Drinnen im Stall saßen Maria und Josef bei der Krippe.
Als die Hirten das Kind sahen, fielen sie auf die Knie und dankten Gott, dass er ihnen endlich den Retter geschickt hatte. Behutsam legten sie das Schäflein neben die Krippe. Dann gingen sie leise hinaus und erzählten allen die frohe Botschaft.
Auch die Sterndeuter hatten Geschenke mitgebracht – Gold, wohlriechende Gewürze und kostbare Öle. Nachdem sie alles ausgebreitet hatten, verbeugten sie sich ehrfürchtig und gingen wieder hinaus.
In derselben Nacht befahl ihnen Gott im Traum, dass sie nicht wieder zu Herodes zurückgehen sollten. Da nahmen sie einen anderen Weg nach Hause.
Maria aber merkte sich alles, was sie erlebt hatte, und bewahrte es in ihrem Herzen.

Bibliografische Information Der Deutschen Bibliothek

Die Deutsche Bibliothek verzeichnet diese Publikation in der Deutschen Nationalbibliografie;
detaillierte bibliografische Daten sind im Internet über http://dnb.ddb.de abrufbar.

1. Auflage 2008

Printed and bound by Leo Paper, China
ISBN 978-3-7806-2721-6